AF438050

Gil Vieira

Trasformando in Poesia Sentimenti e Passione

◆◆◆◆◆◆

Poetizando Sentimentos e Paixão

EDIZIONI WE

Título original - *POETIZANDO SENTIMENTOS E PAIXÃO*

Tradotto da Simona Adivíncula

Foto di copertina di Liz Matos

ISBN 979-12-5497-020-1

©2022 Edizioni WE di Nicola Bergamaschi
Via Paulli 10/A – 26015 – Soresina (CR)

www.clickpertutti.com
www.edizioniwe.com
www.facebook.com/edizioniwe
www.instagram.com/edizioniwe
info@edizioniwe.com

PRESENTAZIONE
di Simona Adivíncula e Nicola Bergamaschi

Cari lettori, oggi siamo lieti di presentarvi l'opera **"Trasformando in Poesia Sentimenti e Passione"** dello scrittore e poeta brasiliano **Gil Vieira**.

Vogliamo che vi dilettiate con i suoi temi: amore, passione, sogni, nostalgia, natura, società e perché no musicalità.

Gil, con la sua lirica, ci conquista parlando apertamente con simpatia e naturalezza.

*La sua poesia **"Gente come la gente!"*** è un po' di quello che egli rappresenta per sé e per ognuno di noi.

La sua poesia *"**Il bacio**!"* è stata declamata da Simona Adivíncula nella città più romantica d'Italia, Venezia, per onorarlo. Giusto riconoscimento!

Il suo pubblico lo abbraccia in modo fraterno.

La poesia unisce le persone!

Noi di **EDIZIONI WE** vi auguriamo una buona lettura!

APRESENTAÇÃO
por Simona Adivíncula e Nicola Bergamaschi

Queridos leitores, hoje temos o prazer de apresentar a obra **Poetizando Sentimentos e Paixão** do escritor e poeta baiano, brasileiro, **Gil Vieira**.

E desejamos que se deliciem com os seus temas: amor, paixão, sonhos, saudade, natureza e, porque não, a musicalidade.

Gil com a sua lírica, conquista todos nós por falar abertamente com simpatia e naturalidade.

A sua poesia **"Gente como a gente"**! é um pouco do que ele representa para si mesmo e para cada um de nós.

A sua poesia **"O beijo de amor"**! foi declamada por Simona Adivíncula, na cidade mais romântica do mundo - Veneza (Italia) - para prestigiá-lo, justo merecimento!

O seu público o abraça de modo fraterno.

A poesia não tem fronteiras, une pessoas, une o mundo!

Nós da **EDIZIONI WE** desejamos a todos uma boa leitura*!*

PREFAZIONE
di Liz Matos

Il poliedrico avvocato, scrittore e poeta Gil Vieira, figlio della simpatia con la gentilezza, nonché fratello della gioia, questa volta ci presenta un'opera in cui espone la tenerezza e la sottigliezza del vivere attraverso la sua poesia unica.

L'arte di vivere e di vedere la vita attraverso lenti amorose è facilmente catturabile in ciascuno dei suoi versi, così come il peculiare ottimismo dell'autore. Con lui impariamo, soprattutto, a camminare vestiti con gli abiti leggeri che ci portano in luoghi di calma e pace interiore. I versi di Gil Vieira sono liberi e con una "poesia" che viene da dentro, trasportandoci lungo sentieri verdi e fioriti. Attraverso il modo poetico con cui cammina attraverso la vita, Gil ci accompagna in passeggiate tra tramonti dove ci mostra come "è magico vedere il giorno morire tra le braccia della notte"; dal chiaro di luna serena dove canticchia: "Splendida luna che mi fai viaggiare... / Vedendoti penso a un sorriso / penso a uno sguardo / mi viene da amare"; e ci fa realizzare la magia della fioritura:

> *"L'ho interrato nel mio giardino*
> *proprio sotto la finestra*
> *Un cespuglio di rose per non dimenticarmi di lei*
> *È germogliato un fiore giallo"*

Tutta la poesia di Gil è impregnata di amore. Questa è la tua essenza, il profumo che trabocca dalla tua anima. L'ottimismo è la bandiera che sventola, ed è contenuto nelle sfumature di ogni frase. È detentore della rara

impresa di saper trasformare il dolore in sorriso e, da buon coltivatore di pace, spicca diffondendo gioia in ogni cammino dei sentieri che percorre. È proprio questo percorso che l'autore vi invita a scoprire adesso, attraverso la lettura di questo bellissimo testo.
È un ristoro per le nostre anime stanche.
Sarà come un momento all'aroma del caffè fresco, su un'ampia veranda di una casa di campagna, inebriato dalla musica che arriva al crepuscolo, dolcemente abbracciato dalla brezza serale per sussurrarci fiducia e certezza nel domani che verrà , e sarà molto meglio di tutti gli "ieri".

PREFÁCIO
por Liz Matos

O multifacetado advogado, escritor e poeta Gil Vieira, que é filho da simpatia com a gentileza, e irmão da alegria, dessa vez nos presenteia com uma obra onde expõe a ternura e sutileza do viver através da sua singular poesia. A arte de viver e ver a vida através de lentes amorosas é facilmente captada em cada um dos seus versos, assim como o peculiar otimismo do autor.
Com ele aprendemos, sobretudo, a caminharmos vestidos com as leves roupagens que nos conduz a paragens de calmaria e paz interior.
Os versos do Gil Vieira são livres e com um "poesiar" que vem de dentro, nos transportando por caminhos verdejantes e floridos. Através da forma poética com a qual caminha pela vida, Gil nos conduz a passeios entre entardeceres onde nos mostra o quanto "é mágico ver o dia nos braços da noite morrer"; por luares serenos onde cantarola:
"Esplendorosa lua que me faz viajar... / Vendo-te fico pensando num sorriso / Fico pensando num olhar / Fico com vontade de amar"; e nos faz perceber a magia do florescer:

> *"Plantei no meu jardim*
> *Bem embaixo da janela*
> *Uma roseira para não esquecer dela*
> *Brotou uma flor amarela"*

Toda a poesia do Gil está impregnada de amor. Esta é sua essência, o perfume que transborda da sua alma.

O otimismo é a bandeira que ele hasteia, e está contido nas nuances de cada frase.

Ele é detentor da rara proeza de saber transformar a dor em sorriso e, como um bom cultivador de paz, sai esparramando alegria em cada trilha dos caminhos por onde passa.

É exatamente este caminho que o autor lhe convida a conhecer agora, através da leitura desse belo livro.

É um repouso para nossas almas cansadas. Será como um momento com aroma de café fresquinho, numa larga varanda de uma casa no campo, inebriados pela música vinda no momento do crepúsculo, docemente abraçados pela brisa do anoitecer a nos sussurar a fé e a certeza no amanhã que virá, e que será muito melhor do que todos os "ontens".

Trasformando in Poesia
Sentimenti e Passione

◆◆◆◆◆◆

Poetizando
Sentimentos e Paixão

BACIO D'AMORE!

È un sentimento del cuore
Dato da un amore caldo, una passione
È una connessione fisica, un'attrazione
È un segno di tenerezza, frutto della tentazione

Bacio di amore è la minor distanza tra due innamorati
È gustoso, è caldo
È come affogare in un' anima viva, è vivere di nuovo
È un bisogno della bocca che interagisce con tutto il corpo

Baciare di notte, baciare di giorno.
Baciare ascoltando musica,baciare leggendo una poesia
Baciare con affetto, baciare con allegria
Il bacio d'amore contagia

BEIJO DE AMOR!

É um sentimento do coração
Dado por um amor quente, uma paixão
É uma conexão física, uma atração
É um sinal de carinho, fruto da tentação

Beijo de amor é a menor distancia entre dois apaixonados
É gostoso, é caloroso
É afogar-se em alma viva, é viver de novo
É um pedido da boca que interage com todo o corpo

Beijar na noite, beijar no dia
Beijar ouvindo música, beijar lendo uma poesia
Beijar com afeto, beijar com alegria
Beijo de amor contagia

SGUARDO D'AMORE

Ho prestato attenzione nel tuo sguardo
Nel tuo sorriso, nel tuo modo di parlare
Ho capito che mi guardavi in modo diverso
Con uno sguardo penetrante
con uno sguardo attraente

Con lo sguardo di chi ama
Con uno sguardo di fuoco, con uno sguardo di fiamme
Con uno sguardo muto, con uno sguardo inspiegabile
Con uno sguardo d'amore, con uno sguardo di passione

Questo movimentò la mia testa, i miei desideri
La tua malizia, la tua sensualità sono ipnotizzanti
Il tuo sguardo amorevole, malizioso, seducente
Mi ha riempito d'amore

OLHAR DE AMOR

Prestei atenção no teu olhar
No teu sorriso, no teu jeito de falar
Percebi que me olhava diferente
Com um olhar penetrante
com um olhar atraente

Com um olhar de quem ama
Com um olhar de fogo, com um olhar em chamas
Com um olhar mudo, com um olhar sem explicação
Com um olhar de amor, com um olhar de paixão

Isso mexeu com a minha cabeça, com os meus desejos
Tua malícia, tua sensualidade são hipnotizantes
Teu olhar carinhoso, malicioso, sedutor
Encheu-me de amor

LA CICATRICE E IL FIORE

(Dedicato alla poetessa e autrice della prefazione - Liz Matos)

Ce ne sono alcuni che passano e lasciano cicatrici
Ce ne sono altri che passano e lasciano fiori
Le cicatrici servono a ricordare
I fiori servono a scaldare gli amori

Una farfalla dalle ali gialle
La più bella tra tutte
Su un volo che seduce
Di una leggerezza che guida

Si è posata nella mia mano e ha lasciato
Tenerezza, bontà e amore
Purezza e profumo di un fiore
Aveva un'immensa bellezza interiore

La delicatezza definisce il tuo essere
La saggezza non ti permette di essere orgogliosa
Hai la tenerezza di un fiore
Una grande bellezza interiore

A CICATRIZ E A FLOR

(Dedicado a poetiza e prefaciante - Liz Matos)

Há uns que passam e deixam cicatrizes
Há outros que passam e deixam flores
Cicatrizes servem para lembrar
Flores servem par aquecer amores

Uma borboleta de asas amarelas
A mais linda de todas elas
Em um voo que seduz
De uma leveza que conduz

Posou na minha mão e deixou
Ternura, bondade e amor
Pureza e o perfume de uma flor
Ela tinha uma imensa beleza interior

A delicadeza define o teu ser
A sapiência não lhe deixa ensoberbecer
Tens a ternura de uma flor
Uma grande beleza interior

BUON COMPLEANNO

Sei nata sotto lo sguardo di una stella
Sei stata riverita dalla luna
Cresciuta alla luce del sole
Ti sei evoluta sotto la magnitudine delle stelle

Hai fatto della la vita una magia
Hai trovato l'amore dove c'era dolore
Hai trasformato il desiderio in felicità
Hai trasformato la tristezza in ricchezza

Anche se a volte la tua gioia è triste
Tu nella tua infinita tenerezza
Trovi ragioni nelle piccole cose
Nei piccoli atti, nei piccoli gesti, per essere felice

FELICE il giorno in cui sei nata
FELICE è colui che ha l'opportunità di incontrarti
FELICE è colui che è con te
FELICE è colui che ha il tuo amore
BUON COMPLEANNO!

FELIZ ANIVERSÁRIO

Você nasceu sob o olhar de uma estrela
Foi referendada pela lua
Cresceu sob a luz do sol
Desenvolveu-se sob a magnitude dos astros

Você fez da vida uma magia
Encontrou o amor onde havia dor
Transformou a saudade em felicidade
Fez com que a tristeza se transformasse em riqueza

Ainda que às vezes sua alegria seja triste
Você em sua infinita ternura
Encontra motivos nas pequenas coisas
Nos pequenos atos, nos pequenos gestos, para ser feliz

FELIZ o dia que você nasceu
FELIZ daquele que tem a oportunidade de te conhecer
FELIZ daquele que está com você
FELIZ daquele que tem o seu amor
FELIZ ANIVERSÁRIO!

LUCE DELLA MIA VITA

Hai riportato indietro la mia vita
Sei venuta come la luce
Illuminando la mia strada
Il tuo amore mi guida

Mi hai fatto battere il cuore
Hai fatto brillare il mio sorriso
Mi hai fatto di nuovo credere in me stesso
Hai il mio inferno trasformato in giardino

Tu sei il mio paradiso
Tu sei la mia amata
L'aria che respiro
La passione della mia vita

LUZ DA MINHA VIDA

Você trouxe de volta minha vida
Chegaste como uma luz
Iluminando o meu caminho
O teu amor me conduz

Você fez pulsar meu coração
Deu brilho ao meu sorriso
Fez de novo acreditar em mim
Fez meu inferno virar jardim

Você é o meu paraíso
A minha amada
O ar que respiro
A paixão da minha vida

LA MIA CENERENTOLA

L'ho piantato nel mio giardino
proprio sotto la finestra
Un cespuglio di rose per non dimenticarsi di lei
Sbocciò un fiore giallo

Quando guardo il fiore
La ricordo
Il fiore è bello, un bel fiore
assomiglia a lei

Ho già un fiore
Mi manca l' amore
Sarà che riceverò l'amor di lei?
Voglio portarti all'altare

Voglio averla solo per me
Insieme vivremo un amore senza fine
Sarà una nuova passione da favola
Io sarò il re e lei la mia Cenerentola

MINHA CINDERELA

Plantei no meu jardim
Bem embaixo da janela
Uma roseira para não esquecer dela
Brotou uma flor amarela

Quando olho para flor
Lembro-me dela
A flor é linda, uma flor bela
Parece com ela

Já tenho uma flor
Falta-me o amor
Será que vou conseguir o amor dela?
Quero levá-la para capela

Quero tê-la só para mim
Juntos viveremos um amor sem fim
Será uma paixão de novela
Eu serei o rei e ela minha Cinderela

RAGAZZA TRISTE

Un giorno incontrai una ragazza
Mi impressionò per la bellezza
Aveva uno sguardo distante e molta freddezza
Cercai di indovinare il motivo di tanta tristezza

Dovevo svelare i suoi sentimenti
Indagavo, sarà forse solitudine?
Guardai molto attentamente
Cercai di entrare nel suo cuore

Pensavo a cosa si nascondeva in quello sguardo triste?
La venerai, ma la sua l'immagine era agghiacciante
Provai a sbloccare il tuo segreto
Mi spaventai

Le ore passavano
Venne il tramonto, ero curioso,
Il mio cuore è ostinato e anche pauroso
La ragazza mi fece diventare ansioso…

Giunse la notte, giunsero le stelle,
Dalla mente non mi lasciava quella bellezza
Il mio cuore pulsava, il dubbio era crudele
Non sarei capace di essere infedele

[continua a pag. 16]

GAROTA TRISTE

Um dia conheci uma garota
Impressionou-me pela beleza
Tinha um olhar distante e muita frieza
Tentei adivinhar o porquê de tamanha tristeza

Fiquei a desvendar seus sentimentos
Indagava, será que é uma possível solidão?
Olhei com muita atenção
Tentei entrar no seu coração

Pensei o que escondia naquele triste olhar?
Fiquei a venerá-la, a imagem era de arrepiar
Tentei desvendar o seu segredo
Fiquei com medo

As horas foram passando
Chegou o entardecer, fiquei curioso
Meu coração é teimoso e, também medroso
A garota me fez ficar ansioso...

Chegou à noite, chegaram às estrelas
Da mente não saía aquela beleza
Meu coração pulsava, a dúvida era cruel
Não seria capaz de ser infiel

[continuação na pag. 17]

La mattinata era noiosa, il suo viso apparve
La sua immagine brillava
Questa sensazione persisterà
La mia vita se ne andrà via

L'alba portò qualcosa di diverso
Fu solo un sogno
Sogno che la realtà influenzò
Passò, passò, finì...

A madrugada foi um tédio, seu rosto aparecia
Sua imagem resplandecia
Será que esta sensação vai persistir
Será que minha vida vai partir

O amanhecer trouxe algo diferente
Foi apenas um sonho
Sonho que a realidade influenciou
Passou, passou, acabou...

SGUARDO DISTANTE

Sguardo lontano nell'orizzonte
Una ricerca incessante
Un pensiero costante
Sguardo fermo, pensiero viaggiante
Desiderando trovarci

Oh! Quante volte si è perso questo sguardo
Alla ricerca del mistero della vita
Quanta volontà di volare
Libertà di volare su qualsiasi orizzonte
Libertà di atterrare dove vuole il cuore

OLHAR DISTANTE

Olhar distante no horizonte
Uma procura incessante
Um pensamento constante
Olhar parado, pensamento viajante
Querendo se encontrar

Oh! Quantas vezes esse olhar ficou perdido
Procurando o mistério da vida
Quanta vontade de voar
Liberdade de voar num horizonte qualquer
Liberdade de pousar onde o coração quiser

RIPOSO DI SOLITUDINE

Cammino lentamente
Immerso nel profondo dei pensieri
Porto il mio mondo da solo
Cercando una destinazione

Ho sempre vissuto senza interferenze
Senza paura di essere ciò che voglio essere
Come se non facessi parte di questo mondo
Come se fossi un vagabondo

Voglio contenere i ricordi
Vorrei comandare i miei sentimenti
Comandare al mio cuore
Di uscire da questa solitudine

I ricordi passati mi rendono amareggiato
Luogo dove di solito cammino
Luogo dove la luna si dilata splendente
Luogo dove il silenzio è la mia veste

Essere soli non è triste
Triste è vivere nel mondo là fuori
Qui tengo a me
Il mio cuore la mia pace!

RESTO DE SOLIDÃO

Caminho lentamente
Mergulhado na profundidade dos pensamentos
Carrego meu mundo sozinho
Procurando um destino

Sempre vivi sem interferência
Sem medo de ser o que quero ser
Como se não fizesse parte desse mundo
Como se fosse um errante

Quero conter lembranças
Quisera mandar nos meus sentimentos
Mandar no meu coração
Sair dessa solidão

Lembranças passadas deixam-me amargurado
Lugar onde costumo passear
Lugar onde a lua dilata luzindo
Lugar onde o silencio é minha veste

Ficar sozinho não é triste
Triste é viver no mundo lá de fora
Aqui tenho a mimetismo
Meu coração minha paz!

CAMMINO DA SEGUIRE...

Il tempo ci conduce su un cammino
Che cammino dev0 seguire per uscire da qui?
È inutile affrettare il passo né turbare il cuore
Il tempo è il signore del destino
il signore della ragione
Oh! Il tempo...
Nemico di alcuni alleato di altri
Tu insegni
Tu fai maturare le persone
Tu le fai crescere
Tempo, sei un bene prezioso
Tu perfezioni
Tu trasformi
Tu spieghi e mostri la vita
Tu rinnovi
Ci lamentiamo che non teniam tempo
A volte siamo abituati ad ammazzar il tempo
Il tempo è di Dio, è LUI che ce lo dona
Sta a noi saperlo riempire, saperlo sfruttare
Per poi non pentirci

CAMINHO A SEGUIR...

O tempo nos conduz a um caminho
Que caminho devo seguir para sair daqui?
Não adianta apressar o passo nem inquietar o coração
O tempo é o senhor do destino
O senhor da razão.
Oh! Tempo…
Inimigo de uns aliados de outros
Tu ensinas
Tu amadureces pessoas
Tu fazes crescer
Tempo, és um bem precioso
Tu aperfeiçoas
Tu transformas
Tu explicas e mostra a vida
Tu renovas
Reclamamos que não temos tempo
Às vezes costumamos o tempo matar
O tempo é de Deus, é ELE que nos dar
Cabe sabermos preenchê-lo, sabermos aproveitar
Para depois não nos arrependermos

LA VITA È PASSEGGERA

Nessuno è venuto qui per restare
La vita è veloce è fugace
A cosa serve tanto successo
Se la vita si disfa con un respiro

La gente soffre troppo
Per sciocchezze, per banalità
Tutto è veloce, subito si disfà
Sia che tu lo voglia o non lo voglia

La nostra esistenza è veloce, fragile
Dobbiamo vivere in pace
Perché quando ci guardiamo indietro
Là è andata tutta la vita intera

Vivi con semplicità
Vivi e vivi con intensità
Vivi con responsabilità
Vivi condividendo la bontà

A VIDA É PASSAGEIRA

Ninguém veio aqui para ficar
A vida é veloz é passageira
Pra que serve tanto logro
Se a vida se desfaz com um sopro

A gente sofre demais
Por bobagens, por besteiras
Tudo é rápido, logo se desfaz
Mesmo que queira ou não queira

Nossa existência é rápida, frágil
Devemos viver em paz
Pois quando olhamos para trás
Lá se foi a vida inteira

Viva com simplicidade
Viva, e viva com intensidade
Viva com responsabilidade
Viva compartilhando bondade

IL TEMPO

Improvvisamente una musica fece tornare indietro il tempo
Facendo affiorare i ricordi
Ricordando i dolori, ricordando le gioie
Di vite vissute, di speranze
Il tempo è tornato, tutto è tornato in un batter d'occhio

Il tempo è tutto, tutto è tempo
Il tempo non può cancellare
Ciò che la mente e il cuore conservano
Quello che abbiamo passato, i nostri momenti
Tutto è reso eterno nei nostri pensieri

Oggi all'apogeo, il regalo più grande che
Il tempo mi ha dato, fu capire che il tempo è passato
Lasciando amici, nostalgie, amori
E nessun dissapore

Il tempo insegna il valore della vita
La vita insegna a fare buon uso del tempo
Vivere per meritare e meritare ogni giorno
La vita e il tempo, due conduttori
I nostri valutatori

O TEMPO

De repente uma música fez o tempo voltar
Resgatando lembranças
Relembrando tristezas, relembrando alegrias
De vidas vividas, de esperanças
O tempo voltou atrás, tudo voltou no piscar

O tempo é tudo, tudo é o tempo
O tempo não pode apagar
O que a mente e o coração guardar
O que passamos, nossos momentos
Tudo fica eternizado em nossos pensamentos

Hoje no apogeu, o maior presente que
O tempo me deu, foi aprender que o tempo passou
Deixou amigos, saudades, amores
E nenhum dissabor

O tempo ensina o valor da vida
A vida ensina a fazer bom uso do tempo
Viver para merecer e merecer a cada dia
A vida e o tempo, dois condutores
Nossos avaliadores

LUNA BIANCA

Ieri, scorrendo i cassetti dei miei ricordi
Contemplando il cielo mi imbattei in una luce bianca
Era una luna, mi ricordai, già apprezzata altre volte
Sempre che ti apprezzo che sembra la prima volta
Dai voglia di sognare, di vivere

Splendida luna che mi fai viaggiare…
Nel vederti continuo a pensare a un sorriso
Sto pensando a uno sguardo
Resto con volontà di amare
Luna che vieni sempre ad incantarmi

Sei di una bellezza esplicita
Sei così elegante, così bella
Sei sbalorditiva
Nelle notti di luna piena
Il mio cuore brucia

LUA BRANCA

Ontem, revirando as gavetas das minhas lembranças
Contemplando o céu deparei com uma luz branca
Era uma lua, lembrei, já te apreciei outras vezes
Sempre que te aprecio parece ser primeira vez
Deu vontade de sonhar, de viver

Esplendorosa lua que me faz viajar...
Vendo-te fico pensando num sorriso
Fico pensando num olhar
Fico com vontade de amar
Lua que sempre vem me encantar

És de uma beleza explícita
És tão elegante, tão bonita.
És de forma estonteante
Nas noites de lua cheia
Meu coração incendeia

IL CREPUSCOLO

Dalla finestra dove mi trovo
Gli occhi accompagnano da lì
Il sole che splende pallido all'orizzonte
Nuvole dorate dipinte dalla natura

Una creazione di Dio, nessuno può capire
Com'è bella la sera
Il sole all'orizzonte si nasconde
Una bella immagine risplende

Un'altra immagini laggiù appare
Fa ricordare una bellissima alba
Ogni sera il sole se ne va
Ogni fine giornata il cielo assume una nuova tonalità

Disegnando immagini immaginarie
Tra le nuvole lascia una scia, lascia un brivido
Promuovendo uno spettacolo di luci neon
Si calma il silenzio nel pomeriggio

La notte viene senza fanfara
Il crepuscolo dolce di un altro giorno
Il mio giorno è stato buono, può la notte scendere
È magico vedere il giorno nelle braccia della notte morire

O ENTARDECER

Da janela onde me encontro
Os olhos acompanham lá longe
O sol brilhando empalidecendo no horizonte
Nuvens douradas pintadas pela natureza

Uma criação de Deus, ninguém consegue entender
Como é belo o entardecer
O sol no horizonte se esconde
Uma linda imagem resplandece

Outra imagem ali parece
Faz lembrar um lindo alvorecer
A cada entardecer o sol se despede
A cada fim de tarde o céu ganha novo tom

Desenhando imagens imaginárias
Entre as nuvens deixa rastro, deixa um frisson
Promovendo um espetáculo de luzes neon
Aquieta-se o silêncio na tarde

A noite chega sem alarde
O entardecer suave de mais um dia
O meu dia foi bom, pode a noite descer
É mágico ver o dia nos braços da noite morrer

NON PERDERE LA FEDE... NON FERMARTI

A volte la vita è ingiusta con le persone!
Non perdere la forza
Non perdere la speranza
Non perdere la pazienza
Non perdere la tolleranza
Non perdere la serenità
Non perdere l'umiltà
Non perdere tempo
Non perdere l'occasione
Non perdere il sorriso che sostiene
Non perdere l'abbraccio che scalda
Non perdere la parola che salva
Non perdere l'affetto che trabocca
Non perdere la bellezza di osservare
Non perdere la fede… non fermarti

Chi definisce cos'è una parola?
Un poeta?
Un filosofo?
Un insegnante?
Un pubblicista?

La bellezza della parola sarà solo nella testa di chi legge!!!
Esistono innumerevoli parole belle e con significati
profondi, questa mi alimenta - Fede

NÃO PERCA A FÉ... NÃO PARE

Às vezes a vida é injusta com a gente!
Não perca as forças
Não perca a esperança
Não perca a paciência
Não perca a tolerância
Não perca a serenidade
Não perca a humildade
Não perca tempo
Não perca a oportunidade
Não perca o riso que alimenta
Não perca o abraço que aquece
Não perca a palavra que salva
Não perca o afeto que transborda
Não perca a boniteza do olhar
Não perca a fé... não pare

Quem define o que é uma palavra?
Um poeta?
Um filósofo?
Um professor?
Um publicitário?

A beleza da palavra estará apenas na cabeça de quem lê!!!
Existem inúmeras palavras bonitas e com significados
profundos, esta me alimenta - Fé

INSIEME

Insieme, creeremo momenti
Insieme, ci divertiamo di più
Insieme, troveremo soluzioni
Insieme, faremo meglio
Insieme, andremo avanti
Insieme, affronteremo le sfide
Insieme, saremo più forti
Insieme, andremo più lontano
Insieme, supereremo limiti
Insieme, brinderemo alla vita
Insieme, ci prenderemo cura l'uno dell'altro
Insieme, saremo più felici
Insieme, saremo una famiglia
Insieme, scriveremo la nostra storia

La vita è fatta di sfide,
sempre avremo bisogno di qualcuno per vincere!
Non esiste una storia del"io solo"!

JUNTOS

Juntos, criaremos momentos
Juntos, nos divertimos mais
Juntos, encontraremos soluções
Juntos, faremos melhor
Juntos, seguiremos em frente
Juntos, enfrentaremos desafios
Juntos, seremos mais fortes
Juntos, iremos mais longe
Juntos, superaremos limites
Juntos, brindaremos a vida
Juntos, cuidaremos um do outro
Juntos, seremos mais felizes
Juntos, seremos uma família
Juntos, escreveremos nossa história

A vida é feita de desafios,
sempre iremos necessitar de mais alguém para vencê-la!
Não há história do "eu sozinho"!

GENTE COME LA GENTE

Io sono così e mi piacciono le persone così
Persone semplici, persone umili
Persone che parlano con persone
Persone che rallegrano le persone
Persone divertenti che sorridono per niente
Mi piacciono le persone come noi
Che caricano sentimenti profondi nel cuore
Che coltivano la pace e diffondono gioia ovunque vadano
Ammiro le brave persone con la vita
Sorridono anche con l'anima dolorante
Siamo così occupati
Desistiamo dall'apprezzare le cose semplici della vita
Talvolta le più incantevoli
Un piccolo fiore che cresce sull'asfalto
Il cantare di un uccello sul ramo di un albero
O su un filo elettrico
Non abbiamo garanzie per domani
Sentiremo cantare un uccello?
Il germogliare di un fiore?
Il sorgere e il morire del sole ogni giorno?
Godere di un arcobaleno nell'azzurro celeste
Ad ogni modo, dobbiamo dare valore alle piccole cose
che la vita offre
Forse il domani non avrà le stesse possibilità
Esisterò domani?
Non lo so!
La gente crede che sempre esisterà, domani, domani…

GENTE COMO A GENTE

Eu sou assim e gosto de gente assim
Gente simples, gente humilde
Gente que conversa com a gente
Gente que alegra a gente
Gente do tipo engraçado que sorri por nada
Eu gosto de gente como a gente
Que carrega consigo sentimentos profundos no coração
Que cultiva a paz e espalha alegria onde passa
Eu admiro pessoas de bem com a vida
Sorriem mesmo com a alma dolorida
Andamos tão ocupados
Deixamos de apreciar as coisas simples da vida
Talvez as mais encantadoras
Uma pequena flor nascendo no asfalto
Um cantar de um pássaro no galho de uma árvore
Ou em um fio de eletricidade
Não temos garantias pelo dia de amanhã
Será que ouviremos o cantar de um pássaro?
O brotar de uma flor?
O nascer e o morrer do sol em cada dia?
Apreciar um arco-íris no azul celeste
Enfim, temos valorizar as pequenas coisas
que a vida oferece
Talvez a amanhã não tenha as mesmas chances
Será que amanhã existirei?
Não sei!
A gente acredita que sempre existirá, amanhã, amanhã…

L'AMORE NON HA ETÀ

Invecchiare insieme è bello
Un vero amore, un amore esplicito
È bellissimo il modo in cui si guardano
L'amore non ha età

Un'amicizia eterna, un vero amore
Quanti segni sul corpo e sul cuore portano
Un amore con rispetto, un amore sano
una relazione indissolubile

Una convivenza sempre più tenera
Il fuoco della passione ora va in letargo
Un amore amato
Per sempre eterno

O AMOR NÃO TEM IDADE

Envelhecer juntos é bonito
Um amor verdadeiro, amor explicito
É lindo o jeito de se olharem
O amor não tem idade

Uma eterna amizade, um amor de verdade
Quantas marcas no corpo e no coração trazem
Um amor com respeito, um amor saudável
Um relacionamento inarredável

Uma convivência cada vez mais terna
O fogo da paixão agora hiberna
Um amor amado
Para sempre eternizado

GLI ANNI PASSANO...

Passano gli anni, passano gli anni
Non possiamo fermare il tempo
Che ci piaccia o no, stiamo invecchiando
Capelli bianchi, compaiono rughe

Il passare degli anni è inevitabile
Prenditi cura della mente e del cuore
Non lasciare che la tua anima invecchi
Trova una motivazione

Invecchiare e invecchiamento
Due parole, significati diversi
L'invecchiare fa parte dell'esistenza
Invecchiamento un processo di accettazione o rifiuto

O PASSAR DOS ANOS...

Passa anos, passa anos
Não podemos parar o tempo
Queira ou não queira, vamos envelhecendo
Cabelos brancos, rugas vão aparecendo

O passar dos anos é inevitável
Cuide da mente e do coração
Não deixe sua alma envelhecer
Encontre uma motivação

Envelhecer e envelhecendo
Duas palavras, significados diferentes
Envelhecer faz parte da existência
Envelhecendo um processo de aceitação ou negação

LA BELLEZZA È LA FIGLIA DEL TEMPO

La vita scorre in uno schiocco di dita
Oggi sei bella, domani non tanto
La vita passa all'improvviso, stai attento
La bellezza è figlia del tempo

La grazia svanisce, non è eterna
La bellezza interiore dura una vita
La bellezza fisica è effimera, quindi stai in guardia
La bellezza è figlia del tempo!

Non fare della bellezza la tua prima scelta
Il bello non invecchia, resta nel cuore!
Fai attenzione all'esposizione e all'ambizione
La bellezza è figlia del tempo

La bellezza interiore rimane
La grazia esteriore svanisce
La bellezza esteriore svanisce con il vento
La bellezza è figlia del tempo

A BELEZA É FILHA DO TEMPO

A vida passa num estralar de dedos
Hoje você é bela, amanhã nem tanto
A vida passa de repente, fique atento
A beleza é filha do tempo

A formosura se esvai, não é eterna
A beleza interior permanece por toda vida
A beleza física é efêmera, seja precavida
A beleza é filha do tempo!

Não faça da beleza sua primeira opção
O belo não envelhece fica no coração!
Cuidado com a exposição e a ambição
A beleza é filha do tempo

A beleza interior permanece
A formosura exterior se esvanece
A beleza exterior se esvai com o vento
A beleza é filha do tempo

RICORDI DELLE MARIE

Al calare della sera
Le campane suonano
È ora solenne
È ora di grazia
È l'addio di un altro giorno
Tutto viene toccato
Tutto viene coinvolto
Il sole si nasconde all'orizzonte
La natura è silenziosa
L'anima loda
Recitiamo una preghiera
Il cuore si rafforza
È un'ora suprema
È l'ora della luce
È tempo di parlare con Gesù
È l'ora del mistero
È un momento sacro
Un sentimento emerge
Un momento di gloria
Ricorda le MARIE
Maria, madre di Gesù
Marie, le mie sorelle
Maria mia custode
Sono cattolico, ho un'anima cristiana
Maria è il mio portafortuna

LEMBRANÇAS DAS MARIAS

Ao cair da tarde
Os sinos soam
É hora solene
É hora da graça
É a despedida de mais um dia
Tudo se toca
Tudo se envolve
O sol se esconde no horizonte
A natureza emudece
A alma enaltece
Oramos uma prece
O coração fortalece
É uma hora suprema
É a hora da luz
É hora de falar com Jesus
É a hora do mistério
É um momento sagrado
Um sentimento aflorado
Um momento de glória
Lembrar-se das MARIAS
Maria mãe de Jesus
Marias minhas irmãs
Maria minha guardiã
Sou católico, tenho alma cristã
Maria é meu talismã

LA SOLITUDINE
(Dedicato al fratello Gildemir)

Solo nel tuo angolo
In uno stato di sconforto, al mondo pigro
In un sogno di riposo
Non desiderando svegliarsi

Tutti i sogni in un posto sono stati collocati
Dove i segreti furono rivelati e conservati
Il suono del silenzio sempre ti culla
Senza nessuno da disturbare

A volte metti il passato in una scatola
Altre volte lo nascondi sotto il letto
Alcune cose ti feriscono, altre ti infiammano
Costantemente con l'anima infuocata

SOLIDÃO

(Dedicado ao irmão Gildemir)

Sozinho em seu canto
Em estado de desânimo, no mundo remanso
Em um sonho de descanso
Não querendo acordar

Todos os sonhos em um lugar foram colocados
Onde os segredos foram despidos e guardados
O som do silêncio sempre a lhe embalar
Sem ninguém para incomodar

Algumas vezes coloca o passado em uma caixa
Outras vezes esconde debaixo da cama
Algumas coisas lhe fere, outras lhe inflama
Permanentemente com a alma em chama

AMO LA VITA

Amo la mia casa, la mia dolce casa
Amo la canzone del mio *sabiá*[1]
Amo gli uccelli e le loro melodie
Amo vedere l'alba di un altro giorno
Amo svegliarmi e potermi allungare
Amo svegliarmi e dire che la vita andrà avanti
Amo le faccende che devo sbrigare
Amo il mio lavoro, che mi fa rinvigorire
Amo tornare a casa, preparare la mia cena
Amo il mio giardino, curare le mie piante
Amo la notte, un nuovo scenario mi viene offerto
Amo ringraziare Dio per un altro giorno vissuto
Amo l'alba, il silenzio, tutto si calma
Amo la luna, i miei ricordi si illuminano
Amo ascoltare la musica, mi abbandono e mi addormento
Amo tutto questo, non ha valore, nè prezzo
Amo la mia terra, il luogo dove sono nato
Amo i miei figli, mia moglie, che sempre ho lodato
Ringrazio Dio per quello che ho
per quello che ho vissuto
Amo la vita che ho costruito

---

[1] Uccello tipico del Sudamerica

AMO A VIDA

Amo meu lar, meu doce lar
Amo o canto do meu sabiá
Amo os pássaros e suas melodias
Amo ver o raiar de mais um dia
Amo despertar e poder espreguiçar
Amo acordar e dizer a vida vai continuar
Amo as tarefas que me compete executar
Amo meu trabalho, que me faz revigorar
Amo chegar em casa, preparar minha janta
Amo meu jardim, cuidar das minhas plantas
Amo a noite, um novo cenário me é oferecido
Amo agradecer a Deus por mais um dia vivido
Amo a madrugada, o silêncio, tudo se acalmando
Amo a lua, minhas lembranças iluminando
Amo ouvir música rendo-me ao embalo e adormeço
Amo tudo isso, não tem valor, não preço
Amo minha terra, o lugar onde nasci
Amo meus filhos, minha esposa, esses sempre enalteci
Agradeço a Deus pelo que tenho
pelo que vivi
Amo a vida que construir

GRAZIE, MADRE MIA

Madre, il tempo è il carnefice della bellezza
Le rughe sul viso iniziano a farsi vedere nelle mani
Sebbene molti ricordi sfuggano alla tua mente
Sei una novantenne vanitosa e intelligente
Madre, le tue notti insonni
le tue preoccupazioni
i tuoi dolori
Sono tuo debitore
Madre, la mia memoria non cancellerà le tue ninne nanne
le tue storie,
il tuo sguardo gentile
Sono tuo creditore
Madre, i tuoi insegnamenti
I tuoi esempi, la tua fede le tue preghiere
Sono tuo debitore
Oggi la tua mente ha i fili bloccati, rugosi
Il tuo cervello avvolge fili di una matassa passata
L'orologio che batte nella tua mente è un orologio ossidato
Il tuo sguardo urla in un silenzio assordante
Madre mia, oggi lontano da te sento nostalgia
Brindo alla tua vita edificante e ineguagliabile storia
Hai combattuto tutta la vita a favore del creato
Madre, grazie per avermi dato la vita
per avermi dato il tuo cuore!!

OBRIGADO MINHA MÃE

Mãe, o tempo é carrasco da beleza
As rugas no rosto começam a dar-se as mãos
Apesar de muitas lembranças fugirem da tua mente
És uma nonagenária vaidosa e inteligente
Mãe, tuas noites mal dormidas
Tuas preocupações
Tuas dores
Sou teu devedor
Mãe, minha memória não apagará os teus ninares
Tuas histórias
O teu manso olhar
Sou teu credor
Mãe, teus ensinamentos
Teus exemplos, tua fé, tuas orações
Sou teu devedor
Hoje tua mente está com os fios presos, enrugados
Teu cérebro enrola linhas de um novelo passado
O relógio que bate na tua mente é um relógio oxidado
Teu olhar grita em um silencio ensurdecedor
Minha mãe, hoje longe de ti sinto saudades
Brindo tua vida edificante e inigualável história
Tu se propôs batalhar por toda vida a favor da criação
Mãe, obrigado por ter me dado vida
por ter me dado teu coração!!

LA MIA RAGAZZA ETERNA
(Dedicato a mia moglie – Norma)

Che Dio mi dia salute e tanta energia
Per passare il resto della mia vita in tua compagnia
Sentire la tua voce che mi chiama con amore
Al suono di una melodia

Ricorderò sempre la tua pace
Del tuo amore e della tua compagnia
Con umorismo trascorrerò le mie giornate al tuo fianco
Nel conforto del tuo corpo delicato

Ti darò i miei abbracci in abbracci suggellati
Scambierò con te mille baci e carezze
E in queste carezze scambiate
Baci e coccole ben dati

Credo nel destino
Ciò che Dio ha preparato per noi è bello
Faremo insieme il nostro percorso
Adempiere al nostro destino pianificato da Dio

MINHA ETERNA NAMORADA

(Dedicado a minha esposa – Norma)

Que Deus me dê saúde e muita energia
Para passar o resto da minha vida em tua companhia
Ouvindo tua voz me chamando de amor
Ao som de uma melodia

Sempre irei lembrar-me da tua paz
Do teu amor e da tua companhia
Com comicidade vou passar os meus dias ao teu lado
No aconchego do teu corpo delicado

Dar-te-ei meus abraços em abraços selados
Trocarei contidos mil beijos e afagos
E nesses carinhos trocados
Beijos e afagos bem dados

Acredito no destino
O que Deus preparou para nós é lindo
Faremos junto nosso caminho traçado
Cumprindo o nosso destino por Deus planejado

ANNI D'AMORE
(Dedicato a mia moglie – Norma)

Molte persone chiedono:
Esiste l'amore?
Il vero amore esiste?
Per tutta la vita siamo bombardati da amori
Passioni perfette, imperfette, felici e non felici
Leggiamo romanzi nei libri
Guardiamo soap opera, film, varie storie d'amore!
Tutti pensano e vogliono incontrare l'amore
Il vero amore!
L'amore è una pietra preziosa e rara da trovare,
Ho trovato la mia!
È bella la nostra storia
È bella la nostra vita amorosa
È bello il nostro amore
42 anni di gloria!
Siamo orgogliosi della nostra traiettoria
Non è stato facile, tante cose abbiamo dovuto affrontare
Abbiamo saltato molti ostacoli
Non abbiamo mai separato le nostre mani
È stata una vita piena di amore e passione
42 anni di costruzione
In questo lungo viaggio, non tutto era fiori
Abbiamo affrontato tempi difficili, tanti dissapori
Momenti felici, momenti dolorosi
Bei tempi, bei tempi vissuti
[continua a pag. 56]

ANOS DE AMOR
(Dedicado a minha esposa – Norma)

Muitas pessoas perguntam:
Será que o amor existe?
Será que existe o verdadeiro amor?
Durante toda vida somos bombardeados por amores
Paixões perfeitas, imperfeitas, felizes e não felizes
Lemos romances nos livros
Assistirmos novelas, filmes, vários casos de amor!
Todos pensam e querem encontrar um amor
Um verdadeiro amor!
O amor é uma pedra preciosa e rara de encontrar
Eu encontrei a minha!
É bela nossa história
É bela nossa vida amorosa
É belo nosso amor
42 anos de glória!
Orgulhamo-nos da nossa trajetória
Não foram fáceis, muitas coisas enfrentamos
Muitos obstáculos pulamos
Nunca largamos nossas mãos
Foi uma vida com muito amor e paixão
42 anos de construção
Nessa longa caminhada, nem tudo foram flores
Enfrentamos tempos difíceis, muitos dissabores
Momentos alegres, momentos sofridos
Momentos bons, bons momentos vividos

[continuação na pag. 57]

Sono arrivati i bambini attesi
Sono stati totalmente amati
Cresciuti in un clima d'amore
Ognuno ha percorso la propria strada
Oggi siamo soli nel nostro angolo agglutinante
Godendo della bellezza della vita che Dio ha piantato

Chegaram os filhos esperados
Foram totalmente bem amados
Criados em clima de amor
Cada qual seu caminho, propria estrada trilhou
Hoje estamos sozinhos em nosso cantinho aglutinador
Curtindo a beleza da vida que Deus plantou

IL VALORE DELLA VITA
(Per riflettere)

Mi svegliai presto stamattina, andai alla finestra, guardai in lontananza e vidi l'orizzonte blu tra il cielo e terra e nella longitudine di quello spazio avvertii tante cose impercettibili, ma di grande importanza per la vita umana a cui non diamo valore;

A volte il nostro egoismo e la nostra avidità sono così grandi che ci dimentichiamo di ringraziare DIO, ci ricordiamo solo di chiedere;

Dimentichiamo di rendere grazie per la vita che LUI ci ha donato, per l'aria che respiriamo, la natura da cui otteniamo il nostro cibo, l'acqua che placa la nostra sete;

Ci dimentichiamo di ringraziare per il sole che ci riscalda, per la pioggia che mantiene l'aria pulita e respirabile, fiumi pieni, terra fertile, alberi e piante sempre verdi e sane;

Ci sono così tante cose che non ci costano NIENTE, niente denaro, ma che sono di grande valore per il nostro benessere fisico e mentale!

"Il valore fondamentale della vita dipende dalla percezione e dal potere di contemplazione piuttosto che mera sopravvivenza" - (Aristotele)

O VALOR DA VIDA
(Para reflexão)

Acordei hoje bem cedo, fui à janela, olhei distante e vi o horizonte azul entre o céu e a terra e na longitude desse espaço enxerguei tantas coisas muitas vezes imperceptíveis, mas de grande importância para vida humana as quais não valorizamos;

Às vezes nosso egoísmo e ganância são tão grandes que nos esquecemos de agradecer a DEUS, somente lembramos de pedi;

Esquecemos de agradecer pela vida com a qual ELE nos presenteou, pelo ar que respiramos, pela natureza de onde extraímos o nosso alimento, pela água que mata nossa sede;

Esquecemos de agradecer pelo Sol que nos aquece, pela chuva que mantém o ar limpo e respiráveis, pelos rios cheios, a terra fértil, as árvores e plantas sempre verdes e saudáveis;

Há tantas coisas que não nos custa NADA, nenhum dinheiro, mas que são de grande valia para nosso bem-estar físico e mental!

"O valor fundamental da vida depende da percepção e do poder de contemplação ao invés da mera sobrevivência" - (Aristóteles)

DEDICA E RINGRAZIAMENTI

IN MEMORIAM – a mio padre (Agenor Vieira Andrade), ai miei fratelli Gildásio, Gildemir e Celeste.

Alla mia carissima, vivissima, novantenne (97 anni), madre (Antolina Miranda Andrade), alle mie sorelle Perpétua e Maricélia.

Dal profondo del mio cuore, questo libro è dedicato alla mia eterna amata moglie Norma e si mie figli amati Gustavo e Gabriel.

Rigrazio Edizioni WE, nella persona di Nicola Bergamaschi e la cara Simona Advincula, che hanno abbracciato questo progetto e hanno curato ogni dettaglio con affetto.

Alla poetessa Liz Matos, che ha scritto in maniera garbata la prefazione di questo libro.

Ringrazio Dio:
      Per la "verve poetica" che ho acquisito
      Per aver vissuto fino a qui
      Amo la vita, amo creare tutto.

Gil Vieira

DEDICATÓRIA E AGRADECIMENTOS

IN MEMORIAN – ao meu pai (Agenor Vieira Andrade), meus irmãos Gildásio, Gildemir e Celeste.

A minha queridíssima, vivíssima, nonagenária (97 anos), mãe (Antolina Miranda Andrade), as minhas irmãs Perpétua e Maricélia.

Do fundo do meu coração, este livro é dedicado a minha eterna amada esposa Norma e aos amados filhos Gustavo e Gabriel.

Agradeço a editora WE, na pessoa do Nicola Bergamaschi e a querida Simona Advincula, que abraçaram esse projeto e cuidaram de cada detalhe com todo carinho.

A poetisa Liz Matos, que escreveu lindamente o prefácio desse livro.

A Deus eu agradeço:
 Pela verve poética que adquirir
 Por ter vivido até aqui
 Amo a vida, amo tudo construir.

Gil Vieira

DATI DELL'AUTORE

"Un brasiliano felice" è così che mi definisco.
Sono orgoglioso di essere nordestino!
Sono nato 67 anni fa, nel villaggio di Dias Coelho, noto anche come Brejinho. Regione nord-orientale del Brasile, entroterra dello stato di Bahia, regione della Chapada Diamantina.
Il sole cocente castiga l'anima e corruga il volto della gente della mia terra. Non sarebbe "sertão" se non fosse così! Sono orgoglioso di essere nato lì, in quel paesaggio grigio, arido, caldo. Porto con me, con grande piacere, i ricordi di un'infanzia arida, piena di sogni al suono degli uccelli tipici della regione. Questi ricordi di fauna e flora, l'odore della terra bruciata, ispirano la mia immaginazione, i miei testi e la mia poesia. Sono stato un amante dell'arte sin da quando ero bambino. Nei mercati all'aperto - comuni nella regione - ammirava i poeti cordelisti che frequentavano per leggere e vendere i loro libri.
Sono un avvocato, sposato con Norma di Bahia, ho due figli Gustavo e Gabriel.
Ho pubblicato il libro OS VIEIRAS che mi ha reso membro dell'Academia de Cultura da Bahia.

DADOS DO AUTOR

"Um brasileiro feliz" é assim que me defino.
Tenho orgulho de ser nordestino!
Nascido há 67anos, no povoado Dias Coelho, também conhecido como Brejinho. Região do nordeste brasileiro, sertão do estado da Bahia, mais precisamente na região da Chapada Diamantina.
O sol causticante; castiga a alma e enruga o rosto do povo da minha terra. Não seria sertão se assim não fosse! Tenho orgulho de ter nascido lá, naquela paisagem cinzenta, ressequida e quente. Carrego comigo, com muito gosto, as lembranças de uma infância árida, cheia de sonhos aos sons de pássaros típicos da região. Estas lembranças da fauna e da flora, o cheiro do chão esturricado, inspiram a minha imaginação, meus textos e poesias. Desde menino fui amante da arte. Nas feiras livres, bem comum na região, admirava os poetas cordelistas que frequentavam essas feiras para lerem e venderem seus livros.
Advogado, casado com a baiana Norma, tenho dois filhos Gustavo e Gabriel.
A publicação do meu livro OS VIEIRAS fez-me ser membro da Academia de Cultura da Bahia.

LA TRADUTTRICE

Simona Adivíncula nasce a Salvador de Bahia, Brasile, naturalizzata italiana, vive a Milano con il marito e la figlia.

Scrittrice, romanziera, poetessa, giornalista freelance è membro dell'Accademia della Cultura della sua città d'origine.

Molto conosciuta ed apprezzata, scrive da 23 anni e ha ben 13 libri pubblicati in diverse lingue.

È la responsabile del Gruppo "Escritores Brasileiros na Itália".

È la rappresentante della Edizioni We in Brasile.

È membro del "Rotary eClub of Latinoamérica".

A TRADUTORA

Simona Adivíncula nasceu em Salvador de Bahia - Brasil, naturalizada italiana mora em Milão com o marido e a filha.

Escritora, romancista, poeta, jornalista freelance é membro da Academia da Cultura de sua cidade natal.

Muito conhecida e apreciada, ela escreve há 23 anos e tem bem 13 livros publicados em diferentes idiomas.

Ela é a responsável do Grupo "Escritores Brasileiros na Itália".

É a representante da Edizioni We no Brasile.

É membro do "Rotary eClub of Latinoamérica".